大家小书
篆刻　程方平

新编历史小丛书

于谦

阎崇年 著

北京出版集团公司
北京人民出版社

目　　录

于谦（1398—1457年），字廷益，号节庵，浙江钱塘（治今杭州）人。他读书时，最崇拜宋末元初的文天祥。在自己的座侧，悬挂文天祥画像，走到哪儿，就挂到哪儿，数十年如一日，不离左右，并作八十八字赞辞：“宁正而毙，弗苟而全。南向再拜，含笑九泉。”他二十三岁考中进士，宣德初年，被任命为御史，后外出巡按江西、河南、山西等地，政绩卓著。

明正统十三年（1448年），于谦

调入北京任兵部左侍郎，相当于今天的国防部副部长。一年后，发生“土木之变”，英宗被俘，当时京师最有战斗力的部队、精锐的骑兵都在土木堡失陷，剩下疲惫的士卒不到十万。人心震惊惶恐，朝廷上下都没有坚定的信心，有人提出把都城迁到南方去。于谦坚决反对迁都，认为主张南迁的，该杀。京师是天下的根本，一旦动摇国家大计就完了。于谦毅然把国家的安危视为自己的责任，他明确提出“社稷为重，君为轻”，拥立景泰皇帝，调集各路军马严守京师，升兵部尚书。保卫京师时，他亲自督战，下令：临阵将领不顾部队先行退却的，斩将领；军士不顾将领先退却的，后队斩前队。于是将士知道必定要死战，都听命令，在北京城外击退瓦剌军的进攻。瓦剌军退走后，发现留着明英宗也没有什么用处，就把他放回来了，被明景帝安置在南宫。

于谦自从土木之变以后，发誓要和敌人共存亡。“尝留宿直庐，不还私第”，他经常住在值班的地方，不回家。景帝曾赐给于谦西华门的府第，他推辞说：“国家多难，臣子怎么敢自己安居？”后来明景帝病重。对景帝和于谦不满的一些大臣乘机于正月十六日夜里发动政变，十七日早朝，拥立明英宗复辟。复辟当天，在庙堂之上，文武百官，等待上朝，石亨、徐理（有贞）等，突然将明英宗推上皇位，宣布即皇帝位，群臣跪呼万岁。于谦、王文等在列，丝毫准备没有，竟被逮捕下狱。英宗本想抓他一个贪污的罪名，到家里一抄，什么都没有，四壁空空，只有一箱书。查办的人认为，于谦当过兵部尚书，军队的军饷、军粮都归他管，他怎么可能不贪？他有一个正房是锁着的，金银财宝肯定都锁在里面。当三道锁砸开后，一看是景泰帝赐给他的蟒袍、剑器，都在那里整整齐齐地放着，金银财宝一点都没有。抄湖北的家时，就老母亲一个人清贫地生活着，家里也没有多余的钱财。于谦做地方官时“清风两袖朝天去”，清清白白；做京官，当了七年兵部尚书，依旧清清白白。

于谦写了好多的诗，反映了他的抱负和人生境界。他把自己比作天瓢："安得天瓢都挽取，化为甘雨润苍生。"他在山西工作，把自己比喻成煤炭："但愿苍生俱饱暖，不辞辛苦出山林。"他又把自己比作天上的孤云："大地苍生被甘泽，成功依旧入山林。"为老百姓带来恩泽，成功以后归山林。他又痛恨贪官，借狼虎喻贪官："于今多少闲狼虎，无益于民尽食羊。"

于谦同里后学孙高亮在章回体小说《于少保萃忠全传》的第五回中，说于谦第一次科举没考中，回到老家，在山里建了一个茅草房，闭门刻苦磨炼三年，观石灰窑所感，口占七绝《石灰吟》[①]一首。《石灰吟》映现于谦生命历程有四种境界：这就是"千鎚万击出深山，烈火焚烧若等闲。粉身碎骨全不怕，要留清白在人间。”

注释：

①孙高亮：《于少保萃忠全传》，第五回，道光十五年刻本，北京图书馆善本部藏。但于谦《忠肃集》（四库全书本）卷十一载其诗：杂体六十首、五绝四十首、五律四十六首、七律一百九十三首、七绝七十一首，共四百一十首；于谦《节庵存稿》（成化本）载其诗：杂体六十一首、五律四十六首、七律一百九十五首、五绝四十首、七绝一百七十二首，共五百一十四首；于谦《于肃愍公集》（嘉靖本）载其诗：杂体七十三首、

五律六十一首、七律三百四十六首、五绝五十三首、七绝八十七首，共六百二十首。《忠肃集》（四库全书本）、《节庵存稿》（成化本）和《于肃愍公集》（嘉靖本）均缺《石灰吟》。

一、千鎚万击出深山[1]

于谦同许多英雄杰烈一样，在其登上历史舞台之前，都要经过一番艰苦磨炼，方能横空出世，扮演人杰角色。于谦是读书人，苦读——“千鎚万击出深山”，是于谦生命历程的第一种境界。

于谦出身于仕宦之家，祖父做过兵部主事，父亲则“隐德不仕”。乃祖乃父诚信忠直、鄙污轻财的品格，予少年于谦以极大的熏陶。

少年英才，志向高远。一个人在少年时期养成的素质——优良素质福益终身，劣弱素质祸殃一生。于谦在六岁时随家人清明扫墓，路过凤凰台，其叔口占：“今日同上凤凰台”；于谦对曰：“他年独占麒麟阁”。一日塾中读书，学友因淘气，塾师要惩戒。于谦请作联对，免受责罚。先生曰：“手攀屋柱团团转”；于谦对：“脚踏楼梯步步高”。先生又曰：“三跳跳落地”；于谦再对：“一飞飞上天”。他聪颖机智，以联对代罚。少年于谦，不惧官宦。他十岁那年正旦，红衣骑马穿巷，往长亲家贺岁。于谦刚从巷中冲出，不料撞上杭州巡按。巡按问道：“小子何敢冲吾节导？”于谦回答：“良骥欲上进而难收，正望前程耳。”巡按见其出言不凡，便让他应对：“红衣儿骑马过桥”；于谦对曰：“赤帝子斩蛇当道”。巡按惊异，赏银十两。[2]他虽年少，却抱负远大，立下志向，信守名节：“自是书生守名节，莫惭辜负指迷人。”[3]悟到真谛，终生不渝。

品晶节清，题赞铭志。叶盛《于少保文山像赞》记载：郎中张遂持文山像求题，像上有于少保赞辞。赞辞八十八字，全文照录如下：

呜呼文山，遭宋之季。殉国忘身，舍生取义。气吞寰宇，诚感天地。

陵谷变迁，世殊事异。坐卧

小阁，困于羁系。正色直辞，久而愈厉。

难欺者心，可畏者天。宁正而毙，弗苟而全。南向再拜，含笑九泉。

孤忠大节，万古攸传。我瞻遗像，清风凛然。④

上文又云：于公座侧，悬置此像，数十年如一日。于谦为爱国英雄文天祥画像所题写的赞辞志在君民，不为身计，宁正而死，不苟而活——大志大勇，高风亮节，笔墨坦露，英雄气概。

勤奋好学，足不出户。于谦不仅聪颖，而且勤奋，“少读书，手不释卷，过目辄成诵”⑤。他读经书，疏通大旨，见解精辟，语惊四座。十二岁时，他寄住慧安寺，专心读经书。十六岁时，又读书于吴山三茅观。十七岁时，乡试不第，遭到挫折。但是于谦不服输，不气馁，学益笃，志更坚。他后来回忆自己苦读的经历时说："我昔少年时，垂髫发如漆。锐意取功名，辛苦事纸笔。"⑥史书也记载他发奋读书的情景：面壁读书，废寝忘食，"濡首下帏，足不越户"。廿年寒窗，千鎚万击，二十三岁考中进士。

古今中外，英烈雄杰，只有经受千鎚万击，磨炼慷慨刚毅大志，学养聪明才智，陶冶优良素质，才能登上历史舞台，做出一番恢宏事业。

于谦考中进士，标明他走出深

山，迈入仕途，生命跨进了一种新的境界。

注释：

①多书中为“千锤”，亦有书作“千鎚”。矿工采矿时，挥锤击鎚，凿下山石。笔者下放劳动时，亲历“凿石”、“焚烧”、“碎骨”（化浆）和“抹墙”的全过程。锤，为击打武器和工具；鎚，一义同锤，另义带尖兵器，演变成铁制带尖状工具。

②参见《于谦》，杭州出版社，1998年；孙高亮：《于谦全传》，浙江人民出版社，1981年。

③于谦：《读悟真篇》，《于肃愍公集》卷六，明嘉靖刻本，北京图书

馆善本部藏。

④叶盛：《水东日记》卷三〇，第二百九十七页至二百九十八页，中华书局校点本，1980年。

⑤《皇明大政记》卷一七，载郑晓：《吾学编》卷六九，叶一，明万历二十七年刻本，北京图书馆善本部藏。

⑥于谦：《忆老婢》，《于肃愍公集》卷一，叶二二，明嘉靖刻本，北京图书馆善本部藏。

二、烈火焚烧若等闲

于谦同许多英雄杰烈一样，在其登上历史舞台之时，都要经过一番艰苦考炼，方能惊世骇俗，炼化成为人杰。于谦是官宦，清官——“烈火焚烧若等闲”，是于谦生命历程的第二种境界。

于谦从二十三岁中进士，到五十岁丧父（翌年丧母），其间二十七年，是他居官清正廉明、心受“烈火焚烧”的时期。贪官当道，做清官不仅要严于正身律己，而且要严防群小诬谤。明代另一位保卫京师的民族英雄袁崇焕有段名言："勇猛图敌，敌必仇；振刷立功，众必忌。况任劳之必任怨，蒙罪始可有功。怨不深，劳不厚；罪不大，功不成。谤书盈箧，毁言日至，从来如此。"[①]在众贪独清之时，谤书盈箧，毁言日至，自古至今，概莫能外。所以，专制时代，做名清官，既要净化自我，更要战胜群魔。于谦为官、任事，志在抚民、锄殄："豺狼当道须锄殄，饿殍盈岐在抚巡"[②]；"寄语郎官勤抚字，循良衣钵要人传"[③]。他在河南，屡布大政，生平《行状》，列举十端：劝粜粮米，备物堰水，减价粜卖，诚祷祈雨，税粮折请，种树浚井，分豁差遣，修筑堤岸，抚赈流民，减征粮布[④]。

于谦任官江西、河南、山西时[5]，昭雪冤囚、兴修水利、疏解流民、落狱论死，都是在烈火中焚烧其身。

第一，昭雪冤囚，疏劾贪官。永乐十九年（1421年）于谦中进士，宣德元年（1426年）选授山西道监察御史。后出使湖广，返京复命，疏劾贪功冒杀将吏，永乐帝下旨切责之。他守按江西，轻骑简从，遍历所部，延访父老，清理积案，厘革乡民之疾苦，平反冤狱以百数，“雪冤囚，数百人”[6]。他疏奏陕西官校，掠民为害，诏遣御史，捕之问罪。他在山西，令“尽夺镇将私垦田为官屯，以资边用。威惠流行，太行伏盗皆避匿”[7]。他劾治“王府之以和买害民者，一道肃然”[8]。他还不避权贵，清理官船货匿私盐者，河道以清。他巡抚地方时，办理个案，惩处贪吏，疏解积困，救民水火，“然公持重，不苟为名，凡所规画，莫不计久远”[⑨]。不图急功近利，而求造福一方。按惩贪官，为民雪冤，“一方若涤，颂声满道”[⑩]。

第二，咨访民隐，兴修水利。于谦巡抚河南、山西，这是两个多灾的地区。以河南为例，非旱即涝，遇上河决，汪洋千里，灾民遍野。山西也是十年九旱，北边兵荒，黎民受苦。于谦上任后，“遍历诸州县，察时所急、事所宜兴革，即具草言之，一岁章数上”[⑪]。他还奏免山西山陵役夫一万七千余人。宣（德）正（统）

年间，黄河屡决。如宣德六年（1431年），于谦疏奏：开封等府，“夏秋水溢，田多淹没”[12]。于谦殚精竭虑，治理河患。《明史》本传记载：“河南近河处，时有冲决。谦令厚筑堤障，计里置亭，亭有长，责以督率修缮。并令种树凿井，榆柳夹路，道无渴者。”[13]据方志记载：黄河决，噬汴堤，“谦躬至其地，解所服衣以塞决口”[14]。水退民安，民众怀念。今开封城北辛庄尚有于谦督造的“镇河铁犀”[15]，是其督率民众治理黄河的历史铁证。

第三，赈灾免赋，疏解流民。宣德年间，河南、山西等地灾荒，于谦受命为巡抚御史。他处理国家与农民的关系时，是两者利益兼顾，而不是攀上损下。宣德十年（1435年），于谦疏奏："河南连岁灾伤，人民艰食，乞减半取之。"获允[16]。正统六年（1441年），他疏请开官仓、济穷民："今河南、山西，积谷各数百万。请以每岁三月，令府、州、县报缺食下户，随分支给。先菽秫，次黍麦，次稻。俟秋成偿官，而免其老疾及贫不能偿者。"其州、县官吏秩满当迁，"而预备粮储未完者，不得离任"[17]。未完成任务者，不得异地做官。此疏诏行之。时山东、陕西流民，携家带眷，就食河南，二十余万。此事处理不当，或会酿成民变。于谦行事慎重，妥善对待：一是请发官仓积粟赈济，二是奏令布政使授给田、牛、种，三是抚籍立乡都十万余户，四是请乡里有司监察之。由是，化解流民，定籍耕农，疏缓民瘼，安定社会。

第四，得罪宦官，落狱论死。于谦为官正直，上不贿要，下不纳赂。他每入京议事时，人问其何不橐金银、带土物，贿赂当路耶？谦笑而举其两袖曰："吾惟有清风而已。"汴人诵其见志之诗，曰："手帕蘑菇[18]与线香，本资民用反为殃。清风两袖朝天去，免得闾阎话短长。"[19]《明史》本传亦载：于谦"每议事京师，空橐以入，诸权贵人不能无望"。他痛恨贪官污吏，将其比作吞食民羊的虎狼。其《犬》诗云："于今多少闲狼虎，无益于民尽食羊。"[20]

好人谋事，小人谋人。谋人者怠于任事，谋事者疏于防身。古往今来，莫不如此。于谦在朝在省，革积弊[21]，立新章，执法严，敢擿抉，得罪了一些人。“太监王振持权势，以谦无私谒，属言官廷劾谦怨望。”[22]于谦遭到诬奏，下狱论死。但山西、河南“吏民伏阙上书，请留谦者以千数，周、晋诸王亦言之，乃赦谦以大理少卿复往巡抚”[23]。后得释，迁京官。一个官员不为民做点实事好事，百姓是不会伏阙恳留的。

于谦之为官、为人，恤民公廉，品行高洁：“不以一己之利为利，而使天下受其利；不以一己之害为害，而使天下释其害”[24]。正如元好问在《薛明府去思口号》中所说：“能吏寻常见，公廉第一难。”于谦之所以能居官公廉，是缘于他“不辞辛苦出山林”，走出书斋，踏上仕途，便立下《咏煤炭》中的官箴偈言：“但愿苍生俱饱暖。”他一生清素，廉洁方正，“食不重味，衣不重裘，乡庐数椽，仅蔽风雨，薄田数亩，才供饘粥”[25]。籍没之时，家无余资。他步入仕途，众醉独醒，官场生涯，险象环生。廿年官宦，洁不同污，烈火焚烧，视若等闲。一个做官人，不经烈火焚烧其身，不能成为公廉清官。

古今中外，英烈雄杰，不经过烈火焚烧，不经受三灾八难，不能战胜群魔，也就不能成佛。

于谦成为清官，百姓景仰，建祠祀之，标明他将承担大任，生命升华到一种新的境界。

注释：

①《明熹宗实录》卷七五，天启六年八月丁巳，“中研院”历史语言研究所校印本，1962年，台北。

②于谦：《二月初三日出使》，《忠肃集》卷一一，叶七七，“景印文渊阁《四库全书》”本，台湾商务印书馆，1986年，台北。

③于谦：《过中牟鲁恭祠》，《忠肃集》卷一一，叶四一，“景印文渊阁《四库全书》”本，台湾商务印书馆，1986年，台北。

④《于谦行状》载述：“公在河南，屡布大政。其一，劝籴粮米；其二，备物堰水；其三，减价粜卖；其四，摅诚祈祷；其五，税粮折请；

其六，种树浚井；其七，分豁差遣；其八，修筑堤岸；其九，抚赈流民；其十，减征粮布。”见《忠肃集·附录》，第五叶至六叶，“景印文渊阁《四库全书》”本，台湾商务印书馆，1986年，台北。

⑤《成化山西通志》卷八，叶三五，明成化十一年刻本，北京图书馆善本部藏。

⑥《江西通志》卷五八，叶六，“景印文渊阁《四库全书》”本，台湾商务印书馆，1986年，台北。

⑦《明史·于谦传》卷一七〇，第四千五百四十四页，中华书局校点本，1974年。

⑧倪岳：《神道碑》，《忠肃集·附

录》，“景印文渊阁《四库全书》”本，台湾商务印书馆，1986年，台北。

⑨王源：《居业堂文集》第一卷，第五页，上海商务印书馆，1936年。

⑩王世贞：《弇州山人续稿》卷二〇七，叶十二，明刻本，北京图书馆善本部藏。

⑪《山西通志》卷八五，第六叶，“景印文渊阁《四库全书》”本，台湾商务印书馆，1986年，台北。

⑫《明宣宗实录》卷七六，宣德六年二月戊午，“中研院”历史语言研究所校印本，1962年，台北。

⑬《明史·于谦传》卷一七〇，第四千五百四十四页，中华书局校点本，1974年。

⑭《嘉靖河南通志》卷二四，叶一八，明嘉靖三十四年刻本，北京图书馆善本部藏。

⑮于谦撰《铁犀铭》："百炼玄金，熔为真液。变幻灵犀，雄威赫奕。镇厥堤防，波涛永息。安若泰山，固如磐石。水怪潜形，冯夷敛迹。城府坚完，民无垫溺。雨顺风调，男耕女织。四时循序，百神效职。亿万闾阎，措之枕席。惟天之休，惟帝之力。亦尔有庸，传之无极。"见《嘉靖河南通志》卷四一。

⑯《明宣宗实录》卷三，宣德十年三月辛巳，"中研院"历史语言研究所校印本，1962年，台北。

⑰佘继登：《典故纪闻》卷一一，

第一百九十七页，中华书局点校本，1981年。

⑱郎瑛《七修类稿》卷一三《于肃愍诗》云："手帕蘑姑与线香，本资民用反为殃。清风两袖朝天去，免得乡闾话短长。"瑛为谦同里，而比谦稍晚。《辞海·清风两袖》条载："于少保（谦）尝为兵部侍郎，巡抚河南，其还京日，不持一物，人传其诗云：'绢帕麻菇与线香，本资民用反为殃。清风两袖朝天去，免得闾阎话短长。'"上文中的"绢帕"可为异传，而"麻菇"似为"蘑菇"之误。

⑲《嘉靖河南通志》，卷二四，叶十八，明嘉靖三十四年刻本。又见于谦同里郎瑛《七修类稿·于肃愍诗》，

但其末句略有不同，为“免得乡间话短长”；另见《万历杭州府志》，但其末句亦略有不同，为“免得间阎说短长”。另见叶盛《水东日记·于节庵遗事》卷五，第五十六页，中华书局，1980年。

⑳林寒：《于谦诗选》，第一百一十页，浙江人民出版社，1982年。又见郎瑛《七修类稿》卷三七引述《桑》《犬》二诗之后论说，意二诗不类于公本集之句，予问之先辈云云，“或曰：《犬》诗乃先正李时勉者，未知孰是。”

㉑《于节闇奏疏》卷四《教习功臣子孙疏》载：“国家隆古崇德报功之典，凡勋臣之家前代既加褒锡，后世

子孙德以承袭爵禄，或遇蒙任使管理军务。然彼皆出自膏粱，素享富贵，惟务安佚，不习劳苦。贤智者少，荒怠者多。当有事之际，辄欲委之以机务，莫不张皇失措，一筹莫展。不但有负朝廷恩遇之隆，抑且恐误天下要切之事。评其所自，皆平日养成骄惰，不学无术之所致也。”

㉒查继佐：《罪惟录》卷一一上，第一千六百三十五页，浙江古籍出版社，1986年。

㉓《山西通志》卷八五，叶七，“景印文渊阁《四库全书》”本，台湾商务印书馆，1986年，台北。

㉔黄宗羲：《明夷待访录·原君》，第一页，中华书局，1981年，北京。

㉕张瀚：《松窗梦语》卷七，第一百二十九页至一百三十页，中华书局校点本，1985年。

三、粉身碎骨全不怕

于谦同许多英雄杰烈一样，在其登上历史舞台之巅前，都要经过一番艰苦淬炼，方能锋利坚刚，淬砺成为人杰。于谦官尚书，彻悟——“粉身碎骨全不怕”，是于谦生命历程的第三种境界。

于谦临大事，决大议，毅然果断，莫可夺志。他生命中的最大考炼是遇上“两变”——“土木之变”和“夺门之变”（后节论述）。蒙古瓦剌部首领也先（额森）崛兴，其权力所控，西迄阿尔泰山，东达鸭绿江，成为全蒙古的大汗。也先骄横，屡犯塞北。正统十四年（1449年）八月，他率骑大举南犯，兵至大同。瓦剌兵所过之处，剽掠人畜，“草房焚烧，人迹萧疏，十室九空”[1]。时明朝已走过洪武、永乐、洪熙、宣德的兴盛期。但明英宗年轻气盛，在有着“父亲、母亲、老师、朋友、保姆”五重身份的太监王振怂恿下，不察敌情，毫无准备，率五十万大军，御驾亲征。师至土木，全军覆没[2]。明英宗被俘，王振等皆死，“官军人等死伤者数十万”[3]。败兵裸袒，争竞奔逸，“相蹈藉死，蔽野塞川”[4]。这在中国历史上，空前绝后。朝鲜李朝世宗李裪也认为："中国之变，千古所无。"[5]败报传京，举朝大震。留守京师的兵部侍郎于谦，面临社稷兴亡、民族盛衰之际，显出大智大勇、英雄壮色。于谦在历史转折关头，"得失纷纷随梦蝶，公私扰扰付鸣蛙"[6]，不计得失，不顾安危，大义凛然，勇担重任，内总机宜，外修兵政，"保固京师，奠安社稷"[7]。

第一，斥迁都，惩阉奴。英宗被俘，国中无主，君出虏入，朝野惶惧。在廷议战守之策时，"群臣聚哭于朝"，人心惶惶，明祚危危。侍讲徐珵言："天命已去，惟南迁可以纾难。"[8]于谦恸哭[9]斥曰："言南迁者，可斩也。京师天下根本，一动则大事去矣，独不见宋南渡事乎！”[10]众是其言，守议乃定。在朝堂之上，廷臣议请族诛王振，振党马顺抗辩，相互击打，朝班大乱。郕王疑惧，欲要避退，大臣亦多敛避。时“谦坚立不动，掖王且留，请降旨宣谕顺罪应死”[11]！于是，郕王宣谕曰：“顺等罪当死！”众官激情渐稳定[12]，于谦袍袖，为之尽裂。以上两事，见其胆识，时于谦仅为贰卿。明大学士叶向高评论道：“当其时，举朝仓皇，莫知为计。至倡南迁之议，而忠肃公以一贰卿，奋然当祸变之冲，独任天下之重，力排邪说，尊主重皇”[13]，国体弥尊，辰枢再奠。

第二，立新君，主战守。英宗被俘，社稷危难。“上北狩，廷臣间主和，谦辄曰：‘社稷为重，君为轻’。”[14]于谦等拥立郕王即位，改年号为景泰，是为景泰帝。于谦为兵部尚书[15]，主持京师防守大计。他精心备战：分派官将，严守九门；缮备器械，简兵补卒；支出仓粮，坚壁清野[16]。他提督各营军马，列阵九门外，抵挡瓦剌也先来兵。他移檄切责主和者，由是“人人主战守，无敢言讲和者”[17]。他申约束、严军令：“临阵，将不顾军先退者，斩其将；军不顾将先退者，后队斩前队”[18]。军纪为之肃然，军威为之大振。

第三，督军民，卫京师。十月，也先率军，拥载英宗，兵临北京城下。于谦“躬擐甲胄，率先士卒，以死自誓，泣谕三军”[19]。官兵皆受感奋，勇气百倍，矢志“捐躯效死，以报国恩”[20]。于谦提督各营军马，镇于九门，奋力御守。明军在德胜门、西直门、彰义门先后分别击败瓦剌军。也先的弟弟中炮而死。也先又移军京师北土城，“居民皆升屋，以砖瓦掷之”[21]，号呼击寇，哗声动天。军民合力，奋勇打拼，激战数日，击退瓦剌，取得保卫京师的胜利。景泰元年（1450年）春夏间，败瓦剌军于万全，并加强了居庸、大同、宣府的御守。也先兵攻不胜，用间不逞，始有送还英宗之意。

第四，迎英宗，设京营。是否迎回英宗，于谦处境两难：朝臣意见不一，景泰帝亦不悦。于谦从大局着眼，劝景泰帝奉迎太上皇。景泰帝勉强言曰："从汝，从汝！"[22]《明史》本传载：上皇归，"谦力也"！这是对当时舆论界认为于谦反对迎归英宗的辩驳。朱祁镇回京，被安置于南宫[23]。"一时君臣自信，旧君决无反正之理"，但是，"嫌积衅开，恨深仇巨"[24]，易位之变，埋下祸根。于谦为加强皇都卫戍，改革京营旧体制，设立团营之制。先是，永乐帝迁都北京后，逐渐健全京军三大营，即五军营（肄营阵）、三千营（肄巡哨）、神机营（肄火器）。但土木之败，京军败没几尽。于谦认为传统军制弊病在于：三大营各为教令，不相统一，临期各地调拨，兵将互不相识。这种军队，不能适应新形势御敌之需。他整顿军伍，严肃军纪[25]，加强卫戍，奏设京营。于谦奏请："于诸营选胜兵十万，分十营团练。"[26]其意义在于：一是统一指挥，二是选拔精粹，三是严密组织，四是分明责任，五是兵将相习，六是严明号令。京营之制，由此一变。《明史·兵志》说："于谦创立团营，简精锐，一号令，兵将相习，其法颇善。"但是，英宗复辟，于谦死，团营罢。后复之，旋又罢。而后，京营腐败，武备废弛，军"官多世胄纨绔，平时占役营军，以空名支饷，临操则肆集市人，呼舞博笑而已"。临阵时，"驱出城门，皆流涕不敢前，诸将领亦相顾变色"[27]。京营军制的腐败，后来在嘉靖庚戌之变和崇祯己巳之变，先败于蒙古军，后败于满洲军，就是两个例证。

于谦保卫京师的历史意义，查继佐将其比作朱棣的靖难之役："而谦之再造，更光于靖难。"[28]此论偏隘。前者仅囿于帝统血胤的承续，后者则干系民族文化的盛衰。袁袠则论曰："于公以一书生，砥柱狂澜，屹然不动，坐使社稷，危而复安。观其分守九门，移营城外[29]，坚壁清野，以挫贼锋[30]。而丧君有君，庙算无失，专意战守，罢诎和议，计擒喜宁，芟除祸本。故能返皇舆于绝漠，正帝座于黄屋。谋国之善，古未闻也。"[31]同上评论，轨出一辙，黄宗羲在《明夷待访录》中揭示："盖天下之治乱，不在一姓之兴亡，而在万民之忧乐。”于谦率领中原军民，抗击瓦剌也先南犯，其当时的历史意义：不仅是维护大明社稷、保卫皇都北京，而且是捍卫农耕文明，抵御草原文化侵扰。于谦保卫京师之业绩，实践了其文山像赞辞：“衣间别有文山句，千载令人拭泪看。”[32]一介书生，一个官员，不经粉身碎骨锤炼，焉能成为英烈豪杰。

古今中外，英烈雄杰，不经过大悲大劫，不身历大苦大难，绝不能建树大功大业，盖不能成就千古英烈。

于谦成为勋臣，国之栋梁，百姓景仰，但是，泰极否来，月盈则亏，他的生命又升入一种新的境界。

注释：

①于谦：《兵部为备边保民事疏》，《忠肃集》卷一，叶一五，“景印文渊阁《四库全书》”本，台湾商务印书馆，1986年，台北。

②陈学霖教授《李贤与“土木之变”史料》考证：“李贤以御史扈从，在大军起行不数日，已察觉形势不利，大难临头，曾与三数同僚谋议，雇用一武士捽杀主谋宦官王振，然后班师回朝。此计虽未实现，但深具意义，对整个事件极为重要，宜为史官大书于篇。不过，近人对此事的认识却为夏燮《明通鉴》贻误，因为夏氏误书其主谋为吏部尚书曹鼐，张冠李戴，湮没李贤的功劳，影响后人视听。”上文揭载于《明

代人物与传说》，香港中文大学出版社，1997年，香港。

③《明英宗实录》卷一八一，正统十四年八月壬戌，“中研院”历史语言研究所校印本，1962年，台北。

④谷应泰：《明史纪事本末》卷三二，第四百七十四页，中华书局标点本，1977年。

⑤《李朝世宗实录》卷一二六，三十一年十月乙丑，黎明社印，1960年，东京。

⑥于谦：《连日灯花鹊噪漫成》，《忠肃集》卷一一，叶四四，“景印文渊阁《四库全书》”本，台湾商务印书馆，1986年，台北。

⑦陆容：《菽园杂记》卷四，第

四十五页，中华书局，1985年。

⑧《明史·徐有贞传》卷一七一，第四千五百六十一页，中华书局校点本，1974年，北京。

⑨郑晓：《吾学编》卷六九，叶三，明万历二十七年刻本，北京图书馆善本部藏。

⑩《明史·于谦传》卷一七〇，第四千五百四十五页，中华书局校点本，1974年，北京。

⑪《嘉靖浙江通志》卷四六，叶二八，明嘉靖年间刻本，北京图书馆善本部藏。

⑫《明英宗实录》卷一八一，正统十四年八月戊辰，“中研院”历史语言研究所校印本，1962年，台北。

⑬叶向高：《于忠肃公集·序》，《于忠肃公集》卷首，明万历年间刻本，收入武林往哲遗著丛书，中国科学院图书馆藏。

⑭谷应泰：《明史纪事本末》卷三五，第五百三十二页，中华书局标点本，1977年。

⑮李贽：《太傅于忠肃公》，《续藏书·经济名臣》卷十五，第三百零七页，中华书局，1959年。

⑯何良俊《四友斋丛说》卷六载："己巳之变，议者请烧通州仓以绝虏望。于肃愍曰：国之命脉，民之膏脂，顾不惜耶！传示城中有力者恣取之。数日粟尽入城矣。"

⑰《明史·于谦传》卷一七〇，

第四千五百四十七页，中华书局校点本，1974年。

⑱《明史·于谦传》卷一七〇，第四千五百四十六页，中华书局校点本，1974年。

⑲《万历杭州府志》卷七七，叶二，明万历七年刻本，北京图书馆善本部藏。

⑳于谦：《兵部为边务事疏》，《忠肃集》卷二，叶三一，“景印文渊阁《四库全书》”本，台湾商务印书馆，1986年，台北。

㉑《明英宗实录》卷一八四，正统十四年十月辛酉，“中研院”历史语言研究所校印本，1962年，台北。

㉒朱国祯：《涌幢小品》卷二〇，

第五页，上海进步书局，1936年。

㉓沈德符：《万历野获编》，英宗“先以正统十四年八月十五日壬戌车驾北狩，至次年八月十五日丙戌还京。凡蒙尘恰一年，不差一日。自是居南宫者七年，以天顺元年正月十七日壬午复辟登极，至天顺八年正月十七日己巳晏驾，前后不差一日”。见同书第一卷，第二十一页，中华书局，1959年。

㉔周复俊：《泾川诗文集》卷六，叶五六，明万历二十年刻本，北京图书馆善本部藏。

㉕于谦：《兵部为整点军伍疏》《兵部为禁约操军疏》，《忠肃集》卷五叶四一，卷六叶一一，“景印文渊阁《四库全书》”本，台湾商务印书馆，

1986年，台北。

㉖《明史·兵志一》卷八九，第二千一百七十七页，中华书局校点本，1974年。

㉗《明史·兵志一》卷八九，第二千一百七十九页，中华书局校点本，1974年。

㉘查继佐：《罪惟录》卷一一上，第一千三百六十八页，浙江古籍出版社，1986年。

㉙《明英宗实录》正统十四年十月丙辰载："敕有盔甲军士但今日不出城者斩。是时军士有盔甲者仅十之一云。"

㉚《康熙钱塘县志》卷一八，叶四，清康熙五十七年刻本，北京图书馆

善本部藏。

㉛谈迁：《国榷》卷三二，第二千零二十四页，中华书局，1958年。

㉜于谦：《和何知州交趾死节韵》，《忠肃集》卷一一，叶八五，“景印文渊阁《四库全书》”本，台湾商务印书馆，1986年，台北。

四、要留清白在人间

于谦同许多英雄杰烈一样，在其退出历史舞台之后，都要经过长期历史检验，受得历史检验者，永留清白在人间，取义成仁薪火传。于谦身后谥忠肃，成仁——“要留清白在人间”，是于谦生命历程的第四种境界。

于谦真正经受粉身碎骨的锤炼，是明英宗朱祁镇的土木之变和夺门之变。这是两场惊心动魄的死生之争。土木之变，前文已述；夺门之变，下面简述。

夺门之变，又称南宫复辟，发生在明景泰八年（1457年）正月。这年正月十三日（戊寅），景泰帝还御奉天殿（太和殿）。十四日（己卯）景泰帝患病，不能临朝御政，并取消原定的庆成宴。十五日（庚辰）为元宵节，景泰帝因病取消原定的文武百官元宵节宴会。十六日（辛巳），朝廷文武百官，齐集右顺门，向景泰帝问安。景泰帝连续三天，因病没有上朝，也没有出席原定活动，引起朝廷官员的极大关注。这时，明英宗的一些近臣拥戴者，利用这个机会，在暗地里秘密策划一场宫廷政变。

夺门之变的主要策划者，有武臣总兵官太子太师武清侯石亨、都督张軏等，文臣左都御史杨善、左副都御史徐理等，内臣司礼监太监曹吉祥等，人数并不多，力量不够大，但他们在徐理家密室策划，发动宫廷政变，扶持明英宗复辟。徐理临事诀别家人曰："事成，社稷之福；不成，家族之祸。去矣！归耶，人；不归，鬼！"[①]十六日夜，他们秘密调集极少军队，并在深夜到南宫门前，其大门锁孔被灌铁水，找到巨木，撞开大门，扶着太上皇登辇，簇拥着到东华门。门卫不许进门，高呼太上皇要进门。门卫不了解内情，放行进宫。时已拂晓，政变一伙，拥戴太上皇，聚集奉天殿。这时，朝廷官员已到皇宫，准备上朝。政变者们将太上皇升御座，文武群臣入，行拜叩大礼。明英宗曰："卿等以景泰皇帝有疾，迎朕复位，其各仍旧，用心办事，共享太平。"群臣皆呼万岁。[2]这时，是正月十七日正午。少保兼太子太傅、兵部尚书于谦，谨身殿大学士、少保兼太子太保、吏部尚书王文等，刚听完宣读谕旨，尚在班列，就被捕绑缚，下锦衣卫狱。短短三天，演出一场宫廷政变的政治闹剧。

有论者谓：于谦应在徐珵、石亨等发动政变之前，将其阴谋粉碎，党羽一网打尽。于谦是一位受儒家思想教育的人，忠君是其基本的理念。他当时的处境是，一仆四主——朱祁镇及其太子见深和朱祁钰及其太子见济，左右不是，前后为难，易主易储，不暇两全。

朱祁镇复辟成功后，如何处置于谦？政治斗争是残酷的，既然是“夺门”，又要称“迎驾”[3]。徐理说：“不杀于谦，今日之事无名。”[4]那么，于谦的罪名是什么？《明英宗实录》记载：“包藏祸心，阴有异图，欲召外藩入继大位，事虽传闻，情实显著。”[5]上述于谦罪名，共二十四个字，前八个字为虚；中间八个字，是“意欲”，也是虚；后八个字，所据“传闻”，更是虚——全系子虚乌有！

于谦无罪，被“意欲”两字成狱，定谳谋逆，被处死刑。于谦成了朱祁镇和朱祁钰兄弟皇位争夺的替罪羊。朱祁镇是其太上皇，朱祁钰则是其今上，二者你死我活，于谦站在何方？屠隆论于谦曰："顾念身一举事，家门可保，而两主势不俱全；身死则祸止一身，而两主亡恙。方徐、石兵夜入南城，公悉知之，屹不为动，听英宗复辟，景庙自全，功则归人，祸则归己。公盖可以无死，而顾以一死，保全社稷者也。"⑥此种评论，颇中肯綮。在当时历史条件下，言干天位，事关社稷，于谦作为一位正统高级知识官员，其最佳的选择只能是舍生取义，杀身成仁。正如陈继儒所言，于公"敢于任死，而闷于暴名"。做社稷之忠臣，结社稷之正局。此非豪杰之勇，实乃大贤之仁。这从于谦的政治理念、生命价值、道德情操、处世原则四个方面可以得到诠释。

于谦的政治理念是，重社稷，爱

苍生。他以“功在朝廷，泽被生民”[7]作为人生的旨归。一个英雄的生命源泉，必有高尚之爱。爱之愈深，情操愈洁；爱之愈广，品格愈高。于谦虽出身于官宦世家，家风勤俭清励，乃父清介不仕，故经济并不宽裕。他在《祭亡妻淑人董氏文》中说“吾家素贫，日用节俭”[8]，仅为中产，当属实情。他居官“门第萧然，不容私谒”[9]。他节俭的生活，朴素的思想，比较贴近平民，也容易怜悯百姓。仅据《忠肃集》粗略统计，他写下三十四首悯农诗，占其诗作总数的近百分之十。诸如《田舍翁》《采桑妇》《收麦诗》《悯农》《喜雨》等。其《田舍翁》云：“可怜憔悴百年身，暮暮朝朝一盂粥。田舍翁，君莫欺。暗中朘剥民脂膏，人虽不语天自知。”[10]其《悯农》诗亦云：“无雨农怨咨，有雨农辛苦。农夫出门荷犁锄，村妇看家事缝补。可怜小女年十余，赤脚蓬头衣蓝缕。提篮朝出暮始归，青菜挑来半沾土。茅檐风急火难吹，旋热山柴带根煮。夜归夫妇聊充饥，食罢相看泪如雨。泪如雨，将奈何。有口难论辛苦多，嗟尔县官当抚摩。”[11]这是于谦能够成为廉洁清官的心灵基因。这般高尚之人，不趋炎邀利，不乘时迎合。

于谦的生命价值是重名节，轻财帛。他的《无题》诗略云[12]：

名节重泰山，利欲轻鸿毛。

所以古志士，终身甘缊袍。

胡椒八百斗，千载遗腥臊。
一钱付江水，死后有余褒。
苟图身富贵，朘剥民脂膏。
国法纵未及，公论安所逃。

于谦淡泊名禄，冀求清白，尝以“清风一枕南窗卧，闲阅床头几卷书”[13]自慰。他一心任事，不怕丢官：“好在故园三亩宅，功成身退是男儿。”[14]他廉清公正，不摆官谱：“因葬亲徒步还乡，不烦舆传。”[15]他生活简朴，衣食清素：“衣无絮帛，食无兼味。”[16]他笑看长生，安于清贫：“修短荣枯天赋予，一官随分乐清贫。”[17]他爱民如子，看重清名：“有司牧民当体此，爱养苍生如赤子。庶令禄位保始终，更有清名播青史。剥民肥己天地知，国法昭昭不尔私。琴堂公暇垂帘坐，请诵老夫收麦诗。”[18]于谦重视国法，爱养苍生，珍重名节，轻薄利欲，体现了其高尚的情操。

于谦的道德情操是志高远，内自省。于谦有远大的目标，宽广的襟怀。他念苍生，悯农夫，这在明朝腐败官场中是十分可贵的。他以诗词表述自己的念农情怀：“好挽银潢作甘雨，溥沾率土润苍生”[19]；“安得天瓢都挽取，化为甘雨润苍生”[20]。他希望自己能有一把天瓢，挽取银河之水，化作甘霖，滋润禾苗，获得丰年，乐安苍生。于谦以儒家内省，严于律己，不断反思。人之所以犯错误，多源于自是自私，而鲜于自察自省。据初步统计，于谦反思的诗如《自叹》四首、《自咎》四首、《初度》四首，都充满了自律、自省、自责、自咎的可贵精神。这种内心自省，不仅净化灵魂，而且趋近自然。

于谦的处世原则是分善恶，辨正邪。君子与小人，水火不相容。明永乐十九年（1421年）于谦同科进士刘球，官翰林侍讲，以直谏，触王振。振大怒，下球狱，属太监马顺杀之。“顺深夜携一小校持刀至球所。球方卧，起立，大呼太祖、太宗。颈断，体犹直。遂支解之，瘗狱户下。”[21]于谦敬仰他的同年，作《刘侍讲画像赞》[22]。其文曰：

铁石肝肠，冰玉精神。超然物表，不涴一尘。古之君子，今之荩臣。才足以经邦济世，学足以尊主庇民。持正论以直言，遭奸回而弗伸。获乎天而不获乎人，全其道而不全其身。……噫斯人也，正孔、孟所谓取义成仁者欤！

上述赞词，像面镜子，映照出一位英烈的崇高形象：铁石肝肠、冰玉精神，全其天道，不顾尔身，舍生取义、杀身成仁，伟哉烈哉，忠肃于谦！

人生于自然，死归于自然。于谦借煤炭喻人生："但愿苍生俱饱暖，不辞辛苦出山林。"[23]煤炭是无私的，它的出山，为着人间的温暖。于谦又借孤云喻人生："大地苍生被甘泽，成功依旧入山林。"[24]天云也是无私的，它造福万民后，不求报答，遁入山林。于谦说："人生不满百，常为千岁计。图利与求名，昂昂争意气。昼营夜复思，顾恐力弗至。一旦寿命终，万事皆委弃。"[25]

于谦遭诬，虽死犹生，后世民众，立祠景仰。河南父老，建庇民祠祀之[26]。帝都北京，"公被刑日，阴霾翳天，京师妇孺，无不洒泣"[27]。后将其故居改祠，堂三楹，中塑公像，春秋享祭[28]。颂云："庙食帝城东，巍峨天人表"[29]。京师于少保祠[30]成为北京历史文化胜迹[31]。在杭州，于谦祠墓，受到景仰。明宪宗在追寻于少保时，借用李荐之语："皇天后土，鉴生平忠义之心；名山大川，还万古英灵之气。"[32]超然物我，一身正气。明孝宗弘治帝以于谦"能为国家建大议、决大事而成非常之功"，谥曰"肃愍"[33]，祠额曰"旌功"[34]。明神宗万历帝以于谦"有鞠躬报国之节，有定倾保大之勋"，改谥曰"忠肃"[35]。后又"祠于谦'忠节'"[36]。于谦被尊称为"于忠肃公"[37]。

古今中外，英烈雄杰，经过大苦大悲，大劫大难，成就大义大仁，大智大贤，受到百姓敬仰，万民颂传，载诸历史典籍，千古不朽。中国历史上的岳飞、文天祥、于谦、袁崇焕等都是如此。他们的人生，都经历了千鎚万击、烈火焚烧、粉身碎骨的三种境界，最后升华为第四种境界——留下清白在人间，完善人格，史册永垂，为中华文明，为人类正义，增加新的财富，增添新的光彩。

于谦“要留清白在人间”，是他留给中华民族优秀文化遗产中最重要的精神财富，即：其品清介，清励忠介；其性清鲠，清素骨鲠；其官清廉，清正公廉；其人清白，清芬洁白。于谦像一颗明星从天庭中陨落，划破黑夜的长空，给人间带来光明。于谦之死，程敏政曰：“主于柄臣之心，和于言官之口，裁于法吏之手。”[38]有人称此话为公论，愚实以为不然。应当说，于谦以伟功取奇祸，死于英宗之意。在帝制时代，君为主，臣为客。黄宗羲历明清甲乙之际，睹君主专制腐败，因之痛言：“为天下之大害者，君而已矣！”[39]在君主专制时代，柄臣、言官、法吏、阉宦，都是皇帝的奴才和鹰犬。有了主子的隐示，他们便幸于迎合，钟于忌贤，趋炎阿鄙，乘时邀利。应当说，于谦之冤死，主于英宗之心，出于佞臣之谋，行于群小之诬，裁于污吏之手。真乃“此一腔血，竟洒何地”！[40]冤死西市，苍天悲泣。黄宗羲曾言：“杀其身以事其君，可谓之臣呼？曰：否！”然而，对于谦不能做超越时代的苛求。

于谦生命历程的四种境界，是其留给后人的精神财富。于谦之死，不仅是于忠肃公的个人悲剧，而且是中华文明的一场悲剧。于谦以陨星的悲鸣，给予世界这个烛笼——虽去一条骨，却增一路明。

资料来源：《故宫博物院院刊》2000年第1期，收入本书，略有改动。

注释：

①郎瑛：《七修类稿》卷一三，第一百九十页，中华书局，1959年，北京。但其标点“去矣归耶，人不鬼归”，错断，盖误。夏燮《明通鉴》卷二七，第一千零八十九页：“有贞焚香祝天，与家人诀，曰：‘事成社稷利，不成门族，祸归人不归，鬼矣。’”引

文见中华书局1959年版。此段标点有误，似应作："有贞焚香祝天，与家人诀曰：'事成，社稷利；不成，门族祸。归，人；不归，鬼矣！'"

②《明英宗实录》卷二七四，天顺元年正月壬午（十七日），"中研院"历史语言研究所校印本，1962年，台北。

③《明史·李贤传》载："及亨得罪，帝复问贤'夺门'事。贤曰：'迎驾'则可，'夺门'岂可示后。天位乃陛下固有，夺即非顺。……帝悟曰：'然'。"

④王源：《居业堂文集》卷一，第十页，上海商务印书馆，1936年。

⑤《明英宗实录》卷二七四，天顺

元年正月甲申（十九日），“中研院”历史语言研究所校印本，1962年，台北。

⑥谈迁：《国榷》卷三二，第二千零二十五页，中华书局，1958年。又，礼部尚书姚夔后将其议稿出示于郎中陆昶，昶再言及王锜。锜著《寓圃杂记·英宗复辟》载述其事。

⑦于谦：《赵尚书诗集·序》，《忠肃集》卷一二，叶二，“景印文渊阁《四库全书》”本，台湾商务印书馆，1986年，台北。

⑧于谦：《祭亡妻淑人董氏文》，《忠肃集》卷一二，叶十八，“景印文渊阁《四库全书》”本，台湾商务印书馆，1986年，台北。

⑨《明英宗实录》卷二七四，天顺元年正月丁亥，“中研院”历史语言研究所校印本，1962年，台北。

⑩于谦：《田舍翁》，《忠肃集》卷一一，叶八，“景印文渊阁《四库全书》”本，台湾商务印书馆，1986年，台北。

⑪于谦：《悯农》，《于节闇诗集》卷一，叶一三，明刻本，北京大学图书馆善本室藏。

⑫于谦：《无题》，《于肃愍公集》卷一，叶二〇，明嘉靖刻本，北京图书馆善本部藏。

⑬于谦：《初度》，《忠肃集》卷一一，叶三九，“景印文渊阁《四库全书》”本，台湾商务印书馆，1986

年，台北。

⑭于谦：《还京述怀》，《忠肃集》卷一一，叶四〇，“景印文渊阁《四库全书》”本，台湾商务印书馆，1986年，台北。

⑮《万历杭州府志》卷七七，叶六，明万历七年刻本，北京图书馆善本部藏。

⑯尹守衡：《明史窃》卷五一，华世出版社影印本，台北。

⑰于谦：《初度日》，《于肃愍公集》卷三，叶一〇，明嘉靖刻本，北京图书馆善本部藏。

⑱于谦：《收麦诗》，《于节闇诗集》卷一，叶一四，明刻本，北京大学图书馆善本室藏。

⑲于谦：《晋祠祷雨晓行》，《于肃愍公集》卷三，叶一一，明嘉靖刻本，北京图书馆善本部藏。

⑳于谦：《春水》，《于肃愍公集》卷三，叶六，明嘉靖刻本，北京图书馆善本部藏。

㉑《明史·刘球传》卷一六二，第四千四百零六页，中华书局校点本，1974年。

㉒于谦：《刘侍讲画像赞》，《于肃愍公集》卷八，叶一，明大梁书院嘉靖丁亥刻本（清光绪重刻本），中国科学院图书馆藏。

㉓于谦：《咏煤炭》，《忠肃集》卷一一，叶四五，“景印文渊阁《四库全书》”本，台湾商务印书馆，1986

年，台北。

㉔于谦：《孤云》，《于肃愍公集》卷六，叶一六，明嘉靖刻本，北京图书馆善本部藏。

㉕于谦：《无题》，《于节闇诗集》卷一，叶一四，明刻本，北京大学图书馆善本室藏。

㉖《嘉靖河南通志》卷一八，第七叶至第八叶，明嘉靖三十四年刻本，北京图书馆善本部藏。该志记载：“庇民祠在府治西，祀侍郎于谦。成化中，汴父老建，即公之寓廨所也。正德十年重修，每岁春秋有司致祭。”李梦阳记注曰：“开封城马军衙桥西，故有于少保祠云。初，公以定倾保大之功，居无何而死。于是天下人闻公死，咸惊而

疑，而涕泣，语曰：鹭鸶冰上走，何处寻鱼嗛。而公前巡抚河南时，实廨马军衙桥西，而梁父老于是闻公死则咸涕泣，日相率潜诣公故廨为位哭奠焉。会纯皇帝立诏曰：少保谦冤，宥其家而遣（官）祭其墓。乃梁父老则又咸涕泣相率私起祠故廨，傍祠公伏腊忌。梁父老则把香曳筇趿履若少壮，咸翼如不期至，稽首祠下哭，填门塞户矣！会又敬皇帝立诏曰：少保谦赠特进光禄大夫、柱国、太傅，谥肃愍，立祠岁春秋祀之。而曰旌功祠焉。于是梁父老则又咸涕泣相率数百千人诣阙门伏诉：少保谦前兵部侍郎时巡抚功云，愿梁立祠如杭祠，不报。而梁父老归，伏腊忌岁，仍聚哭公于私祠，今三十年余矣！”

㉗孙承泽：《春明梦余录》卷二二，叶一四，广陵古籍刻印社，1990年。

㉘《日下旧闻考》卷四六，第七百二十页，北京古籍出版社，1981年。

㉙刘侗、于奕正：《帝京景物略》卷二，第五十一页，北京古籍出版社，1980年。

㉚查慎行《人海记》（清钞本）卷上载："崇文门内旧有于忠肃公祠，万历乙未二月己未敕建。额曰'忠节'。本朝顺治中，公像被毁。吾邑人谈孺木作《吊于太傅祠文》以悯之。今相传为京师城隍神。"

㉛京师于少保祠，清初孙承泽《春明梦余录》载其"在崇文门内东裱背

巷，公故赐宅也。祠三楹，祀少保兵部尚书于谦，塑公像危坐，岁春秋遣太常等官致祭。”朱一新《京师坊巷志稿》载：“于忠肃祠，万历乙未二月己未敕建。顺治中，公像被毁。”乾隆中，励宗万奉命对京城古迹做调查，其《京城古迹考》云：“乃遍访故巷，悉为民居，求所谓忠肃祠者，皆曰不知。”清末，震钧《天咫偶闻》载：“于忠肃祠，在裱背胡同，芜废已久，近始重修，浙人逢春秋闱，居为试馆。”1984年5月24日，北京市人民政府定“于谦祠”为北京市重点文物保护单位。其址今在北京市西城区西裱褙胡同。

㉜孙承泽：《天府广记》卷九，第一

百零四页，北京古籍出版社，1984年。

㉝《明孝宗实录》卷三三，弘治二年十二月辛卯，“中研院”历史语言研究所校印本，1962年，台北。

㉞赵其昌主编《明实录北京史料》（北京古籍出版社）第五百八十一页，引录《明孝宗实录》弘治二年十二月辛卯于谦条，脱“恳”字；《明神宗实录》万历十七年十二月丙子于谦条，缺漏。

㉟《明神宗实录》卷二一八，万历十七年十二月丙子，“中研院”历史语言研究所校印本，1962年，台北。

㊱《万历邸钞》，万历二十三年二月，中册，第八百八十二页，江苏广陵古籍刻印社，1991年。

㊲人民文学出版社1988年出版孙一珍校点的《于少保萃忠全传》，书首页有于谦画像一幅，像下题“于肃公像”。于谦死后，弘治二年谥“肃愍”，万历十七年改谥“忠肃”。所以，于谦画像下题“于忠肃公像”为是，而题“于肃公像”为错。

㊳《于忠肃集补遗》，《李卓吾评于节闇集》，“补遗卷”，叶一八，明刻本，北京大学图书馆善本室藏。

㊴黄宗羲：《明夷待访录·原君》，第二页，中华书局，1981年。

㊵于慎行：《穀山笔麈》卷三，第二十三页，中华书局校点本，1984年。

出版说明

“新编历史小丛书”承自上世纪60年代吴晗策划的“中国历史小丛书”，其中不少名家名作是已经垂之经典的作品，一些措辞亦有写作伊初的时代特征。为了保持其原有版本风貌，再版过程中不做现代汉语的规范化统一。读者阅读时亦可从中体会到语言变化的规律。

新编历史小丛书编委会

图书在版编目（CIP）数据

于谦 / 阎崇年著 . — 北京 ：北京人民出版社，2019.10

（新编历史小丛书）

ISBN 978-7-5300-0442-5

Ⅰ. ①于… Ⅱ. ①阎… Ⅲ. ①于谦（1398–1457）—传记 Ⅳ. ① K827=48

中国版本图书馆 CIP 数据核字（2019）第 134708 号

责任编辑　高立志　魏晋茹
责任印制　陈冬梅

新编历史小丛书

于谦

YU QIAN

阎崇年 著

出　　版　北京出版集团公司
　　　　　北京人民出版社
地　　址　北京北三环中路 6 号
邮　　编　100120
网　　址　www.bph.com.cn
总 发 行　北京出版集团公司
印　　刷　北京汇瑞嘉合文化发展有限公司
经　　销　新华书店
开　　本　880 毫米 ×1230 毫米　1/32
印　　张　2.875
字　　数　23.94 千字
版　　次　2019 年 10 月第 1 版
印　　次　2021 年 6 月第 2 次印刷
书　　号　ISBN 978-7-5300-0442-5
定　　价　18.00 元

如有印装质量问题，由本社负责调换
质量监督电话　010-58572393